93787208R00062

Made in the USA
San Bernardino, CA
11 November 2018